COMITÉ DE SOUSCRIPTION

POUR

L'ARMÉE D'ITALIE

COMITÉ DE SOUSCRIPTION

POUR

L'ARMÉE D'ITALIE

PARIS

TYPOGRAPHIE E. PANCKOUCKE ET Cie

QUAI VOLTAIRE, 13

1860

COMITÉ DE SOUSCRIPTION

POUR

L'ARMÉE D'ITALIE

Décret portant institution, sous la présidence de l'Impératrice Régente, d'un Comité chargé de centraliser le produit des sommes offertes dans le but de venir en aide aux blessés et aux familles des militaires et marins tués ou blessés à l'armée d'Italie, et de diriger l'emploi de ces dons.

NAPOLÉON,

Par la grâce de Dieu et la volonté nationale, Empereur des Français,

A tous présents et à venir, salut :

Considérant que des sommes ont été versées au Trésor public et dans différentes administrations dans le but de venir en aide aux blessés et aux familles des militaires et marins tués ou blessés à l'armée d'Italie,

Avons décrété et décrétons ce qui suit :

ARTICLE PREMIER.

Il est institué, sous la présidence de l'IMPÉRATRICE RÉGENTE, un Comité chargé de centraliser le produit des sommes offertes dans le but de venir en aide aux blessés et aux familles des militaires et marins tués ou blessés à l'armée d'Italie, et de diriger l'emploi de ces dons.

ARTICLE II.

Ce Comité est composé ainsi qu'il suit :

L'IMPÉRATRICE RÉGENTE,

S. A. I. la Princesse Marie-Clotilde Napoléon,

S. A. I. la Princesse Mathilde,

Mme la maréchale comtesse Vaillant,

Mme la maréchale duchesse de Malakoff,

Mme la maréchale comtesse Randon,

Mme la maréchale duchesse de Magenta,

Mme la maréchale comtesse Regnaud de Saint-Jean-d'Angély,

Mme l'amirale Parseval-Deschênes,

Mme l'amirale Hamelin,

S. Ém. Mgr le cardinal archevêque de Paris,

M. le comte de Germiny, gouverneur de la Banque de France,

M. le baron Barbier, intendant de la 1re division militaire,

M. Davenne, directeur de l'Assistance publique.

ARTICLE III.

Notre ministre d'État est chargé de l'exécution du présent décret.

Fait en conseil des ministres, au palais des Tuileries, le 18 juin 1859.

Pour l'Empereur,

Et en vertu des pouvoirs qu'Il Nous a confiés :

EUGÉNIE.

Par l'Impératrice Régente :

Le ministre d'État,
ACHILLE FOULD.

S. M. l'IMPÉRATRICE RÉGENTE a désigné, à la date du 3 juillet 1859, Mme la maréchale Niel pour faire partie du Comité institué, sous la présidence de Sa Majesté, pour centraliser les dons offerts en faveur des blessés et des familles des militaires et marins tués ou blessés à l'armée d'Italie.

COMITÉ DE SOUSCRIPTION POUR L'ARMÉE D'ITALIE.

SÉANCE DU 19 DÉCEMBRE 1859.

Présidence de S. M. l'Impératrice.

RAPPORT A L'IMPÉRATRICE.

MADAME,

Le 18 juin dernier, VOTRE MAJESTÉ a institué un Comité chargé de centraliser le produit des sommes offertes dans le but de venir en aide aux blessés et aux familles des militaires et marins tués ou blessés à l'armée d'Italie, et de diriger l'emploi de ces dons.

Le 26 du même mois, il a été annoncé que la souscription serait close le 1er septembre ; une décision du 13 août en a prorogé la clôture au 31 décembre.

Un sous-comité a été chargé de surveiller les recettes, de les centraliser, de réunir et de classer les demandes.

Quelle est l'importance des versements effectués ? Par quel système et dans quelle proportion convient-il de distribuer les secours ?

Daignez permettre qu'il vous soit rendu compte de l'état de la souscription, du degré d'instruction des demandes et d'un système de répartition en rentes, dont la raison d'être sera, le sous-comité incline à le croire du moins, la conséquence des considérations qu'il vient soumettre à la haute appréciation du Comité.

Tant en France qu'en Algérie et à l'étranger, plus de trois millions de souscripteurs ont tenu à honneur de s'inscrire. 5,680,000 francs environ, d'abord encaissés par les soins des comptables du Trésor, sont aujourd'hui centralisés à la Banque de France et placés en bons du Trésor productifs d'intérêts.

Si au nombre des souscripteurs on ajoute les noms de ceux qui ont envoyé des dons en nature, il ne devient pas moins difficile de compter les offrandes que leurs auteurs ; les sympathies ont été unanimes ; le chiffre comme la nature de la souscription sont d'incontestables preuves de sa popularité.

Le Moniteur avait commencé la publication des listes ; elles sont devenues si nombreuses, qu'il a été impossible de la continuer. Un dernier résumé sera prochainement publié ; il consacrera le souvenir de toutes les libéralités.

C'est donc, sous réserve de quelques dépenses peu importantes, une somme de 5,680,000 fr. qui est aujourd'hui disponible.

Quels sont les ayants droit ? Le décret du 18 juin les a qualifiés :

Blessés et familles de militaires et de marins tués ou blessés à l'armée d'Italie.

2,172 demandes sont parvenues.

Après avoir fait l'instruction de 1,490 demandes auprès des

utorités militaires et civiles, le sous-comité a procédé à un premier classement par catégories.

Toutes les demandes produites ne sont pas admissibles, ou du
moins n'ont pas paru telles au sous-comité. Voici celles dont l'ad-
mission est proposée :

1° *Blessés qui ne peuvent plus pourvoir à leur subsistance.*

(Lois du 11 avril 1831 et du 26 avril 1856.)

2° *Blessés que leurs blessures empêchent temporairement de se
livrer au travail.*

(Décision impériale du 3 janvier 1857.)

3° *Veuves de militaires tués ou morts de blessures.*
4° *Veuves de militaires morts de maladies contagieuses ou endémiques.*
5° *Enfants de veuves des deux catégories.*
6° *Ascendants de militaires tués.*
7° *A défaut de veuves, les orphelins mineurs des militaires
tués ou morts des suites de leurs blessures.*
8° *A défaut de veuves, les orphelins mineurs des militaires
morts à l'armée de maladies contagieuses ou endémiques.*
9° *Ascendants de blessés retraités quand ceux-ci ne peuvent plus
pourvoir à leur subsistance.*
10° *Ascendants de blessés quand ceux-ci sont temporairement
empêchés de se livrer au travail.*
11° *Frères et sœurs mineurs restés orphelins des militaires tués
ou blessés.*

Ne sont point admis à participer aux secours :

1° *Les militaires blessés qui ont été pourvus d'emplois publics salariés.*

2° *Les militaires blessés qui reçoivent de la munificence de l'Empereur des suppléments de pension sur sa cassette.*

3° *Les veuves de militaires pourvues de débits de tabac ou de bureaux de poste.*

4° *Les militaires blessés restés sous les drapeaux, qui peuvent continuer à servir, aux besoins desquels l'État n'a pas cessé de pourvoir.*

5° *Leurs ascendants.*

6° *Les frères et sœurs, majeurs ou mineurs non orphelins, de militaires tués ou blessés.*

Pour parvenir à traiter chacun le plus équitablement possible, le sous-comité a pensé que la législation sur les pensions militaires et la décision impériale relative aux gratifications de réforme pouvaient servir de guide, que les proportions qu'elles déterminent devaient être en principe, par assimilation ou analogie, la mesure de la proportionnalité à observer.

Un exemple, si Votre Majesté le permet, justifiera cette opinion :

Lorsque, dans une circonstance donnée, un soldat a droit à une pension de 365 francs, un caporal à une pension de 384 francs, si leur situation est identique, la différence entre les deux pensions n'a pour motif que la différence de grade. Or, pour payer ces deux pensions, que dépense l'État ? 749 francs.

En d'autres termes, il a donné au soldat les quarante-neuf centièmes de 749 francs, et au caporal cinquante et un centièmes de la même somme.

Le même calcul appliqué à tous les grades conduit à des différences non moins précises, qui sont l'expression de la distance que le législateur a entendu maintenir entre les militaires dans leurs situations respectives. Il est donc facile d'apercevoir que, si au lieu d'une pension à liquider, on doit répartir 749 francs ou toute autre somme produit d'une souscription, le même mode de distribution donnera les mêmes proportions.

Le sous-comité est donc d'avis que les admissions doivent être accueillies par assimilation quand elle existera, par analogie quand l'assimilation n'existera pas.

La souscription s'élève à la somme de *cinq millions six cent quatre-vingt mille* francs. La législation sur les pensions agit équitablement lorsqu'elle donne tant de centièmes, de millièmes ou de dix-millièmes d'un tout à certains grades ; appliquer aux pétitionnaires la même règle de proportion, c'est aussi rendre justice à tous, puisque cette règle conservera entre les grades ou entre les positions fixées par comparaison les distances que la loi a consacrées.

Dans cet ordre d'idées, MADAME, une répartition en rente 3 0/0, d'après le nombre des demandes actuellement instruites et le montant des encaissements connus, a été étudiée, mais seulement à titre d'épreuve du mode proposé, car l'état de choses résultant de 1,490 demandes instruites à ce jour variera nécessairement par l'annexion des demandes qui restent à classer ou qui peuvent se produire, tant qu'une décision de n'en plus admettre n'aura pas été prise.

Ce n'est pas tout, MADAME ; si les développements qui précèdent indiquent quelle est la souscription, comment il sera équitable de la répartir, il importe encore d'en perpétuer les effets et le souvenir. Celui-ci est impérissable et vivra dans les familles des militaires de l'armée d'Italie, comme l'a déjà fondé dans tous les cœurs votre inépuisable charité. Mais le secours à distribuer, pour que son action reste bienfaisante, de quelle nature doit-il être?

Une donation de rentes à capital réservé, nous le pensons du moins.

La souscription, par son développement, par l'élan dont elle a été l'occasion, est devenue une éclatante manifestation ; ce serait manquer de justice envers les sentiments qu'elle représente, si par la diffusion de ses résultats il n'en devait survivre que l'effet d'un secours passagèrement utile.

Que resterait-il de sommes une fois payées, ou d'une distribution de rentes viagères à capital perdu? De bien faibles traces.

Il n'en sera pas de même si Votre Majesté consent à donner des rentes viagères, à capital réservé, faisant retour à une masse ou plutôt à une de ces institutions tutélaires qui rappellent à toujours les bienfaits d'un grand règne.

Votre décret du 28 juin, Madame, a délégué au comité le pouvoir de diriger l'emploi des sommes offertes à l'armée.

L'exercice de ce pouvoir doit naturellement assurer au premier degré le service de la répartition ; mais il y a mieux à faire. Daignez permettre que votre généreuse idée s'élève à la hauteur d'une institution d'utilité publique dont la permanence perpétuera les effets du bien qu'elle peut faire.

Réglementée par les pouvoirs publics, elle aura son grand-livre, et possédera la somme de rentes perpétuelles dont le capital souscrit

peut la doter ; ces rentes seront divisées en titres viagers, et, lorsqu'à la mort des ayants droit elles redeviendront disponibles, elles
seront la source de nouveaux secours dont les armées de terre et
de mer vous devront le bienfait.

En attendant, les blessés et les familles des militaires tués et
blessés vont être admis au partage de la souscription.

Ennoblis par la gloire, ils seront illustres encore par leur parti-
cipation au secours exceptionnel dont l'heureuse initiative de votre
bonté leur a préparé le bénéfice.

† F. N., cardinal archevêque de Paris ;

Comte Ch. de Germiny, gouverneur de la
Banque de France, secrétaire délégué du
comité ;

Baron Barbier, intendant général ;

Davenne, directeur de l'assistance publique.

Résolutions du Comité.

Il sera créé, avec l'approbation du Gouvernement, une institution nationale d'utilité publique destinée à perpétuer le souvenir comme les bienfaits de la souscription.

Elle portera le nom de : *Caisse des offrandes nationales en faveur des armées de terre et de mer.*

Elle aura un conseil de surveillance présidé par l'Impératrice.

En feront partie : les Princesses de la Famille Impériale ; Mesdames les Maréchales et Amirales ; Mgr Morlot, cardinal archevêque de Paris ; le comte de Germiny, gouverneur de la Banque ; le baron Barbier, intendant général ; M. Davenne, directeur de l'assistance publique.

Un règlement d'administration publique déterminera l'organisation de la Caisse.

Elle pourra recevoir des dons et legs, et centraliser d'autres souscriptions ayant une destination analogue à celle dont la guerre d'Italie vient d'être l'occasion.

En attendant, le sous-comité chargé jusqu'à ce jour de surveiller et de centraliser les recettes, d'instruire et de classer les demandes, liquidera la souscription entre les catégories et conformément à la proportionnalité déterminée dans le rapport.

La répartition aura lieu en titres de rentes à capital réservé.

Aucune demande de secours ne sera admise au delà du 16 janvier 1860.

Chaque ayant droit recevra un titre de rente viagère avec jouissance du 22 décembre 1859.

Considérant l'urgence des besoins, une somme une fois payée, équivalant à un semestre d'arrérages, et en sus de ces arrérages, sera comptée le plus prochainement possible, à partir du 1er janvier, aux ayants droit, au fur et à mesure de l'instruction des demandes.

La quotité de ces arrérages ne pouvant être appréciée avant la clôture de la souscription, une somme de 110,000 francs, prélevée sur le capital, sera affectée au service de cette première distribution entre le nombre des demandes instruites à ce jour, augmenté d'un tiers.

En d'autres termes, si le sous-comité a instruit 1,500 demandes avant le 1er janvier 1860, il supposera que 2,000 peuvent être admises et répartira en conséquence.

Prélèvement fait du montant des frais généraux de la souscription et de sa liquidation, et de la somme de 110,000 francs à destination de répartition immédiate, le capital sera employé en achat de rentes 3 0/0.

Pour la réalisation de cet achat, tous pouvoirs nécessaires sont donnés à M. le gouverneur de la Banque de France, secrétaire délégué du Comité.

EUGÉNIE.

Paris. — Typographie E. PANCKOUCKE et Cie, quai Voltaire, 13.